Otmar Schnurr

STOSS GEBETE

und ebensolche Seufzer

Herder
Freiburg · Basel · Wien

Für meine Frau Irmgard

Abbildungen: Bildarchiv Herder 16 – H. Christoph 40 – R. Dietrich 54 – dpa 18, 20 – W. Dirx 60 – Herzog/present 38 – KNA 36, 50 – B. Klemm 32/33 – R. Kunitsch 30 – Markus 6, 10 – V. Renčin 42 – E. Sulzer-Kleinemeier 26, 46/47, 59 – J. Stauber 14, 48, 56 – M. Vollmer 22/23, 28, 62 – A. Wolos 12

Umschlagzeichnung: Jules Stauber
Gestaltung: Erich Priester

Herstellung: Freiburger Graphische Betriebe 1984
ISBN 3-451-20051-1

Stoßgebete
und ebensolche Seufzer

Vorwort

Man betet oder seufzt vor allem dann, wenn man an etwas leidet, wenn man von bestimmten Menschen oder Entwicklungen – sei es im gesellschaftlichen Leben, im Leben der Kirche oder im privaten Leben – enttäuscht ist.

Stoßgebete sind geflüsterte Hilferufe, Stoßseufzer der Ausdruck von Leid und enttäuschter Liebe.

Wie Kinder manchmal im Dunkeln singen, um die Angst im Innern zu übertönen, so murmeln Erwachsene im Dunkel des Alltags, um auf dem Weg ins Licht nicht allein zu sein.

Otmar Schnurr

Kalenderblatt vom 10. Januar 1982

Vor kurzem sagte
ein blinder amerikanischer Sänger:
„Ich kann zwar nicht sehen,
aber ich bin nicht blind."

Umgedreht erhält der Satz
einen neuen Sinn:
„Ich sehe,
aber ich bin blind."

Es sind so viele Dinge,
die das Wesentliche verdecken:
Spinnweben der Bequemlichkeit,
Staub der Oberflächlichkeit,
zertrümmerte Hoffnungen,
mißbrauchte und weggeworfene Worte.

Ich suche das Licht,
den Strahl, der dem Dunkel
eine Ahnung von Helligkeit gibt.
Doch ich selber
habe mit Zweifel das Glas geschwärzt,
um im Licht der Wahrheit
nicht zu erblinden.

Offene Frage

„Was ist besser: Blind ins Verderben rennen oder offenen Augs ins Messer laufen?“

Beim Anblick eines toten Falters:

Sich am Licht verbrennen ist das Schicksal derer, die lange im Dunkeln gelebt haben.

Rätsel des Tages

Stell Dir vor, Du bist in einem Tunnel,
der nicht endet.
Hoffst Du weiter, oder kehrst Du um?

Anneliese Schier, Freiheitsentzug, Federzeichnung mit Tusche für amnesty

Folterer exkommuniziert

SANTIAGO DE CHILE, 12. Januar (dpa)

Der Bischof der Diözese Südchile, J. Manuel Santos, hat für den Bereich seines Kirchendistriktes die Exkommunikation aller jener verfügt, die zur Folter anstiften, sie anordnen, ausführen oder decken. Bischof Santos ist zugleich Vorsitzender der chilenischen Bischofskonferenz und der dritte Kirchenführer des Landes, der Folterer exkommuniziert.

In der romantischsten Stadt
an der Romantischen Straße
befindet sich ein „Foltermuseum“
mit Daumenschrauben, Streckbänken
und einer Eisernen Jungfrau.

Es ist schön, denkt der Besucher,
nicht mehr im Mittelalter zu leben,
in der finsteren Zeit der Quäler.

Herr, erbarme dich unser!

In der Zeitung stand zu lesen,
daß in der Kunst des Folterns
die Zeit nicht stehen blieb.
Der Menschengeist ist erfinderisch
in der Kunst des Quälens.

Es ist schön, denkt der Leser,
nicht in solchen Ländern zu leben,
in unzivilisierten Breiten.

Herr, erbarme dich unser!

Im Grunde war es eine Nichtigkeit
deretwegen wir uns stritten.
Doch im Kampf um die Wahrheit,
fochten wir mit scharfen Klingen,
die verwundbare Stelle beim andern zu treffen.

Es ist schön, denke ich mir,
daß wir uns nicht prügeln wie Primitive,
sondern alles ausdiskutieren.

Herr, erbarme dich unser!

Tod im Sessel

Darmstadt, 14. Januar (dpa)
Vier Wochen lang hat ein 67jähriger Rentner in Darmstadt tot in seinem Sessel gelegen, bevor er in der Wohnung entdeckt wurde. Als sich die Zeitungen vor der Wohnungstür des Rentners türmten, verständigte der Vermieter die Polizei.

Vier Wochen – eine lange Zeit –
lag der Rentner tot in seiner Wohnung,
und vor der Wohnung lag ein Bündel
von vierundzwanzig Tageszeitungen.

Vier Wochen – eine lange Zeit –
gingen die Tage und die Nachbarn vorbei.
„Muß eine gute Rente haben, der Alte,
wenn er wochenlang verreisen kann.“

Als die Polizei – vom Vermieter geholt –
die endgültige Abreise des Alten vermeldete,
wurde zunächst die Wohnung gelüftet,
dann die Zeitungen für den Sperrmüll gebündelt.

Die Presse – wie gewöhnlich üblich –
regte sich kurz und heftig auf
und zeigte in elf kurzen Zeilen
Abscheu ob des Tatbestandes.

Hätte ich dort gewohnt – einmal angenommen –
ja, was hätte ich denn gemacht?

Fazit:

Humanität in der Theorie:
Kein Problem!
Humanität in der Praxis:
Nur Probleme!

Alexander Haig im Anhörungsverfahren vor dem außenpolitischen Ausschuß des US-Senates:

„Wenn wir die Erhaltung des Friedens allein, so überaus wichtig das auch sein mag, zur Raison d'être erheben im Zentrum aller unserer außenpolitischen Erwägungen, dann werden wir leider genau die Entwicklung herbeiführen, die als praktische Konsequenz eben die Zerstörung jener Zielsetzung mit sich bringt, die wir aufgestellt haben: Frieden.
Es gibt Gründe, für die zu kämpfen wir Amerikaner bereit sein müssen."

„Es gibt Wichtigeres als den Frieden“,
sagte der Fuchs,
als er im Hühnerstall räuberte.

„Es gibt Wichtigeres als den Frieden“,
sagte der Gewerkschaftsführer,
als er zum Generalstreik aufrief.

„Es gibt Wichtigeres als den Frieden“,
sagte der Revolutionär,
als er die Bombe scharf machte.

„Es gibt Wichtigeres als den Frieden“,
sagte dein Sohn,
als er die Händler aus dem Tempel jagte.

Und trotzdem:

Gibt es etwas Wichtigeres
als den Frieden?

Auf dich hin, o Gott, hast du uns erschaffen,
und unruhig ist unser Herz, bis es ruhet in Dir.

Augustinus

Zeitkrankheit:
Koronarinsuffizienz = zuwenig Herz.

Mein Gott,
des Menschen Herz ist mehr
als ein Organ,
das man transplantieren kann.

Ein Herz in der Rinde eines Baumes
annulliert keiner –
es sei denn,
er begeht Waldfrevel,
es regnet sauer,
man baut eine Startbahn,
der Förster hält den Baum für schlachtreif,
der nasse Schnee bricht den Stamm.

Das Herz in der Rinde eines Baumes
ist leichter zu annullieren,
als man denkt.

Die Basis erweist sich selten als „das Volk“, sie entpuppt sich gewöhnlich als ideologische Minderheit, welche für ihre eigenen Ziele Gruppen der Bevölkerung in ihren Sehnsüchten und Ängsten zu manipulieren versteht.

Heinz Dietrich Ortlieb (Prof. für Volkswirtschaft)

War es nicht die Basis,
die damals laut schrie:
„Ans Kreuz mit ihm!“?

War es nicht die Basis,
die in den Gärten Roms
sich an brennenden Christen ergötzte?

War es nicht die Basis,
die die Guillotine
bei ihrer „schneidigen“ Arbeit beklatschte?

War es nicht die Basis,
die wie in Ekstase schrie:
„Sieg Heil!“?

Verzeih, mein Gott,
wenn mir das Basis-Vertrauen fehlt.

In Italien fiel ein sechsjähriger Junge in einen Brunnenschacht, dreißig Meter tief. Bei den Rettungsarbeiten rutschte er immer tiefer und starb schließlich in einer Tiefe von sechzig Metern. Das italienische Fernsehen berichtete live von den vergeblichen Rettungsversuchen, die mehrere Tage dauerten und abgebrochen wurden, als das Herz des Kleinen nicht mehr schlug.

Mutter des Jungen und der Staatspräsident am Schacht

Ich versuche,
wenn es mir auch nur
bruchstückhaft gelingt,
die Angst zu verstehen,
die der kleine Junge
im Brunnenschacht empfand.

Oben in der Helle,
sechzig Meter über
der schlammigen Finsternis,
versprachen die Eltern Hilfe.

Ein realistisches „De profundis“,
gemischt mit dem Zweifel des Jungen,
der sterbend seiner Mutter,
die ihm Hoffnung zusprach,
durch ein herabgelassenes
Mikrofon hinaufflüsterte:
„Mama, du lügst.“

Mein Gott, erhöre mich,
wenn ich hoffnungsleer flüstere:
„Aus der Tiefe rufe ich zu Dir“,
und verbiete mir den Mund,
wenn ich zweifelnd sagen will:
„Vater, du lügst.“

Nachricht im Rundfunk,
Südwestfunk I, am 25. 7. 1981, nachts 2.00 Uhr:

Auf der Konferenz der walfischfangenden Länder wurde bekanntgegeben, daß der Todeskampf der Wale durch eine neue Art von Geschossen von dreißig auf zwölf Minuten reduziert wird.

Meine Damen und Herren!

Ein weiterer Fortschritt in der Humanisierung des Walfanges ist den Wissenschaftlern gelungen. Durch die Erfindung eines neuartigen Geschosses werden dem Tier bittere achtzehn Minuten erspart, so daß es nur zwölf Minuten mit dem Tod einen aussichtslosen Kampf zu kämpfen hat. Zwölf Minuten sind eine kurze Zeit, in der man in Ruhe eine Zigarette raucht.

Ich frage euch, Bruder und Schwester Wal, tut der Mensch nicht alles, damit ihr nicht zu leiden braucht?

Litanei der Hoffnung

Rettet die Vögel! (Auch die schrägen)
Rettet die Blumen! (Auch die giftigen)
Rettet die Tiere! (Auch die wilden)
Rettet den Wald!
Rettet die Flüsse!
Rettet die Meere!
Rettet die Oasen!
Rettet die Luft!
Rettet den Mond!
Rettet den Glauben!

(Noch ist nicht bekannt, wer sich durch diese Litanei angesprochen fühlen könnte.)

Von allen Seiten beschimpft
und zu Untermenschen erklärt,
zu Sadisten von Geburt an,
stehen sie in der Öffentlichkeit.

Schädelbasisbruch?
Was soll's!
Ist ja nur ein Bullenschädel.

Es geht, so ist zu hören,
in diesem Kampf
um die Gerechtigkeit im großen.

Und in der Rechnung
zählen die paar Bullen
hinter dem Komma nicht.

Vor zwanzig Jahren in der Schule
lernten wir, daß die Atomkraft –
sauber und ewig –
die Energieversorgung der Zukunft sei.

Wir pilgerten am Wandertag
zur Kuppel des Reaktors in der Nähe,
und alle waren stolz
auf die Leistungen der Physik.

Zwanzig Jahre später – eine kurze Zeit –
machen sich Zweifel breit,
wachsen Unruhe und Angst
über die Leistungen der Physik.

Heute pilgern sie wieder
zur Kuppel des Reaktors in der Nähe,
doch nicht mehr voller Stolz,
sondern erfüllt von Zorn.

Einst Zeichen der Hoffnung,
heute Fanal des Untergangs.
Und ich spüre,
daß auch ich zu zweifeln beginne.

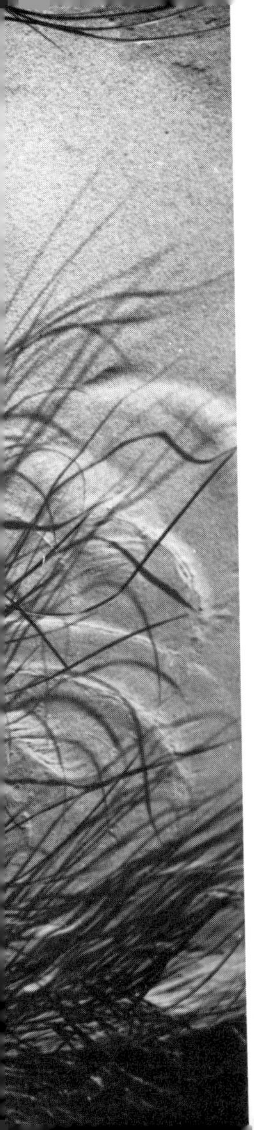

Der kleine Grashalm
blickte mich verwundert an,
als ich mich
neben ihn setzte.

„Was willst du?“
fragte er mich.

„Ich will dich wachsen hören“,
sagte ich verlegen.

„Ich wachse sehr leise“,
flüsterte er mir zu.

Er wußte nicht,
daß ich die Stille liebe.

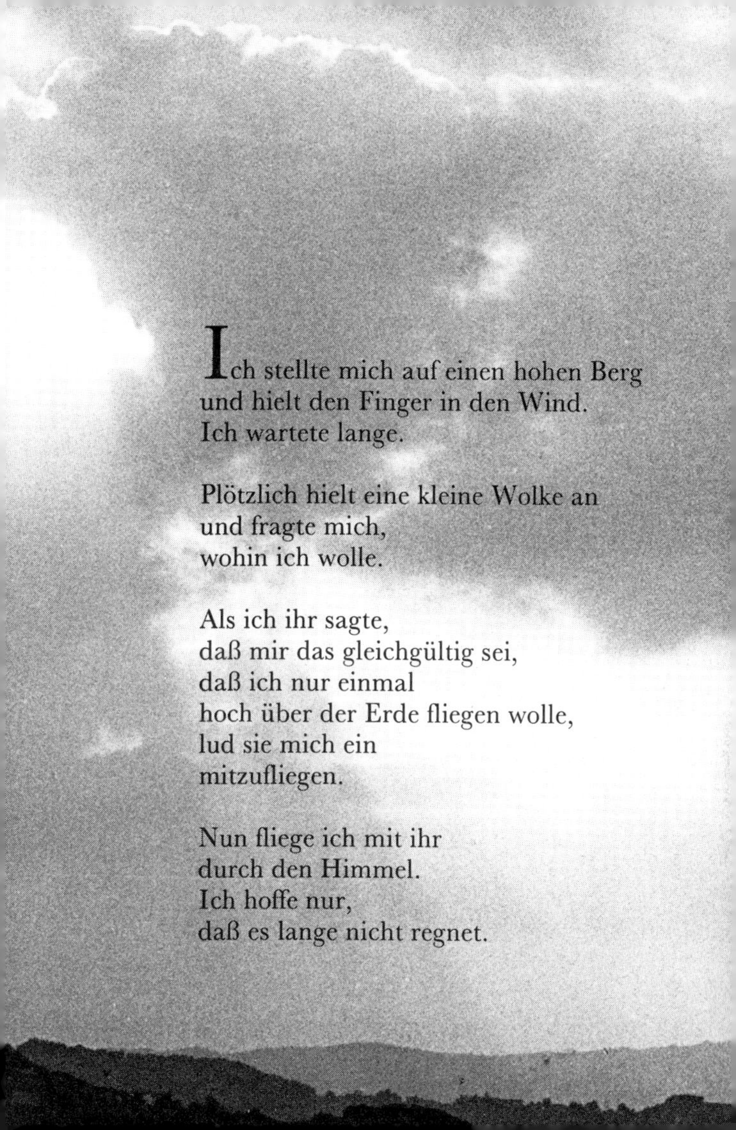

Ich stellte mich auf einen hohen Berg
und hielt den Finger in den Wind.
Ich wartete lange.

Plötzlich hielt eine kleine Wolke an
und fragte mich,
wohin ich wolle.

Als ich ihr sagte,
daß mir das gleichgültig sei,
daß ich nur einmal
hoch über der Erde fliegen wolle,
lud sie mich ein
mitzufliegen.

Nun fliege ich mit ihr
durch den Himmel.
Ich hoffe nur,
daß es lange nicht regnet.

Stuttgart, 19. Juli 1980

Wir sind traurig und bestürzt über den Tod von

Walter Lippl
Kurt Gendella
Günther Drechsler

Sie starben im Verlauf einer Woche als Wohnsitzlose.
Sie starben allein und in Verzweiflung. Ihr Sterben klagt uns an.

Initiativgruppe Nichtseßhafte
Arbeitsgruppe „Soziale Brennpunkte – Nichtseßhaftigkeit"

Beerdigungs- und Gedächtnisgottesdienst am Mittwoch,
dem 23. Juli 1980, um 9 Uhr auf dem Pragfriedhof, Krematorium.

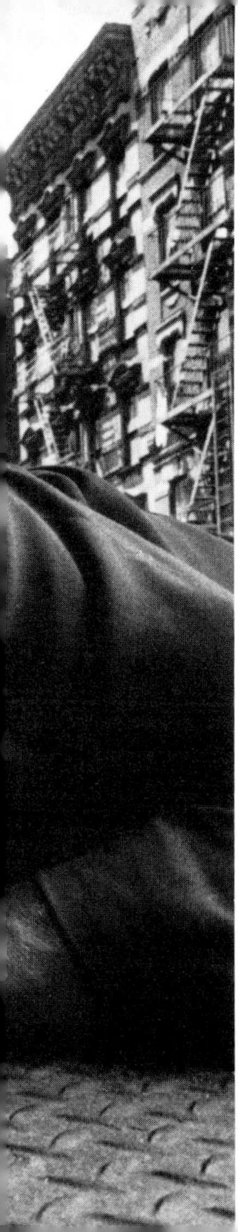

Sie gingen zu Gott,
noch ehe er sie gerufen.
Durften sie das?

Wenn die Seele
erst einen Sprung hat,
geht leicht ein Leben zu Bruch.

Wie entstehen die Sprünge?
Klopft das Leben zu hart,
oder schlägt das Schicksal zu?

Gläserne Seelen
darf man nicht stoßen,
nicht stürzen, nicht werfen.

Doch im Alltag – so sagt man –
kann man nicht immer achten
auf zerbrechliche Seelen.

Letztlich trägt keiner Schuld:
nur das Glas selber;
– warum ist es so brüchig?

Vielleicht war das Sterben
noch schön,
als der Tod
noch ein Gevatter war.

Vielleicht war das Sterben
noch schön,
als der Tod
noch ein Schnitter war.

Heute erntet der Tod
mit dem Mähdrescher
nach einem großangelegten
Schnittmusterbogen.

Ich kannte einen,
der ging als junger Mann
nach Afrika.

Er baute Straßen,
Wasserleitungen, Krankenhäuser,
Schulen und Kirchen.

Alle sieben Jahre
kam er nach Deutschland zurück,
um Urlaub zu machen.

In dieser Zeit
reiste er über die Dörfer
und bettelte für seine Arbeit.

Vor zwei Monaten
kehrte er malariakrank zurück
und starb kurz darauf.

Ich kenne einen,
der schrieb eine umfangreiche Dissertation
über die Probleme der Dritten Welt.

Bald danach
galt er als anerkannter Mann
für Probleme der Dritten Welt.

In regelmäßigen Abständen
veröffentlichte er – denn er war fleißig –
Aufsätze und Interviews die Menge.

In seinem Werk
sparte er nicht mit Kritik
an der christlichen Mission.

Vor zwei Monaten
wurde er ordentlicher Professor
für Probleme der Dritten Welt.

Wenn du deine Opfergabe zum Altar bringst und dir dabei einfällt, daß dein Bruder etwas gegen dich hat, so laß deine Gabe dort vor dem Altare liegen; geh und versöhne dich mit deinem Bruder, dann komm und opfere die Gabe. *Mt 5, 23–24*

Papst Johannes Paul II. besucht den Attentäter Ali Agca

So:

Es war einmal ein Pfarrer,
der einer Gemeinde predigte,
die die Worte des Evangeliums
wörtlich nahm.

Kaum war das letzte Wort
der Predigt verklungen,
verließen alle die Kirche,
um sich mit dem Bruder zu versöhnen.

Nach zwei Stunden Pause
ging der Gottesdienst weiter
mit der Gabenbereitung.

Oder so:

„Man darf das, was in der Bibel
steht, nicht wörtlich nehmen“,
sagte der Theologe in seinem „Wort
zum Sonntag“. Da schämte sich
die alte Frau, weil sie ein Leben lang
das Evangelium wörtlich genommen
hatte und sogar noch danach lebte.

MONGOLISMUS (Synonym: Langedon-Down-Schwachsinn) wird so genannt, weil die Gesichtszüge der Kranken denen von Mongolen ähneln sollen. M. ist die verbreitetste Ursache einer nicht normalen geistigen Entwicklung; Mongoloide stellen ca. 15% der Patienten in entsprechenden Anstalten. Gewöhnlich sind Mon-

goloide imbezill, obwohl auch Idiotie und Schwachsinn bei M. auftreten. Der Zustand wird durch ein überflüssiges Chromosom verursacht und ruft charakteristische körperliche Züge hervor, wie kurze Nase, große gefurchte Zunge, die oft heraushängt, Muskelhypotonie und schlaffe Haut. *Lexikon der Psychologie, Verlag Herder*

Während ihres Studiums der Psychologie
hatten die beiden
über Mongolismus manches gelernt
und sie konnten darüber reden,
sachlich, nüchtern
und statistisch untermauert.

Heute haben die beiden
neben zwei gesunden Kindern
ein drittes
mit einem kurzen Näschen,
einer Zunge, die etwas heraushängt,
müden Muskeln
und wachen Augen.

Von der Wissenschaft verlassen,
bleibt einzig die Liebe,
die heilen und ertragen läßt.

Hierauf sagte Kain zu seinem Bruder Abel: Gehen wir aufs Feld! Als sie auf dem Felde waren, griff Kain seinen Bruder Abel an und erschlug ihn.
Da sprach der Herr zu Kain: Wo ist dein Bruder Abel? Er entgegnete: Ich weiß es nicht. Bin ich denn der Hüter meines Bruders? *Gen 4, 8 f*

Jeder will Abel sein,
Kain,
das ist immer der andere.

Jedes Land will Abel sein,
Kain,
das sind immer die andern.

Warum nur spüre ich
an jedem Tag,
daß Kain *und* Abel
in mir wohnen?

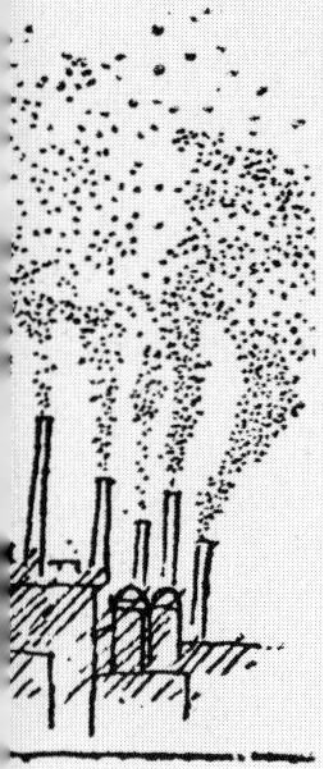

Nach und nach
starben Blumen und Bäume.

Nach und nach
wurde es sauber auf Erden.

Dann endlich begrünte
der Mensch die Erde.

Leuchtend grüne Bäume
und farbenprächtige Blumen aus Plastik.

Ein Regenbogen aus Neonröhren
über jeder Stadt.

Bienen und Hummeln
fielen brummend zur Erde.

Dadurch verschwand endlich
auch all das Ungeziefer.

Und die Menschen nahmen sich nicht die Zeit,
über sich und ihre Kinder zu weinen.

Was macht eigentlich . . .

Roland Kopf: Ein Motorradfahrer träumt davon, gehen zu können

LANGENSTEINBACH. Der Patient auf Zimmer 127 des Rehabilitationszentrums Langensteinbach hat nun schon seit Monaten den gleichen Traum. Da steht er eines Tages einfach auf, spaziert über den Flur in das Zimmer seines Arztes und sagt: „Schauen Sie, Herr Doktor, ich kann wieder gehen."

Aber das ist nur ein Traum, Roland Kopf, 25 Jahre alt, wird nie wieder gehen können. Wenn er nach so einer Nacht „völlig kaputt" aufwacht, sieht er den verdammten Rollstuhl neben seinem Bett, und in den Beinen hat er immer noch dieses „komische Gefühl" wie damals im Rettungswagen.

Das war am 7. September 1980 auf dem Nürburgring, beim vorletzten Lauf zur Deutschen Motorradmeisterschaft. Nach seinem Sieg in der Viertelliterklasse hatte Roland Kopf, die Entdeckung des Jahres, einen Titel schon sicher in der Tasche. Aber das war ihm nicht genug. Nur eine halbe Stunde, nachdem sie ihm bei der Siegerehrung den Lorbeerkranz um den Hals gehängt hatten, stand er in der 350-Kubikzentimeter-Klasse schon wieder am Start.

Er wollte auch da ganz nach vorne fahren, aber aus der Zwölften Runde dieses Rennens kam er nicht zurück. „Am Eingang der Südkehre habe ich den Bremspunkt verschlafen", kann er sich noch genau erinnern. „Ich mußte ins Gras ausweichen, hatte die Maschine aber noch unter Kontrolle und wollte gerade wieder zurück auf die Strecke, als ich mit dem Vorderrad in einen Drainagegraben rutschte. Da hat es mich geschmissen."

Mit einem schweren Sturz, sagt Roland Kopf, habe er eigentlich in jedem Rennen rechnen müssen. Man müsse viel riskieren in diesem Geschäft, und es habe einen schnell erwischt. Aber Angst, nein, Angst habe er deshalb nicht gehabt. „Die Angst muß man wegstecken können", sagt er. „Wer Angst hat, legt sich nicht wie ein Wahnsinniger in die Kurven."

Als dann der Unfall passiert war und die Ärzte keine Hoffnung hatten, da hat Roland Kopf angefangen, Schlaftabletten zu sammeln. „Es war ganz einfach", sagte er. „Ich sagte der Schwester, ich könne nicht einschlafen, und sie gab mir, ohne lange zu fragen, die Tabletten." Das Röhrchen, das er unter dem Kopfkissen versteckt hatte, war schnell voll.

Es war eine schlimme Zeit. Aber er war nicht allein in diesen ersten Wochen nach dem schweren Unfall. Im Krankenhaus gaben sich die Besucher die Klinke in die Hand, machten ihm seine Freundin Vera, die Eltern, Freunde und viele Kollegen Mut für sein neues Leben. „Das hat mir unheimlich geholfen", sagt er. „Wenn ich manchmal schon alles aufgeben wollte, habe ich plötzlich wieder an mich geglaubt, habe gesehen, daß man auch im Rollstuhl noch viel leisten kann. Das waren Tage, an denen ich wieder Hoffnung schöpfte." An so einem Tag hat er auch die Tabletten weggeschmissen.

Jetzt bereitet sich Roland Kopf auf das Leben im Rollstuhl vor. Mit Gymnastik, Tischtennis und Krafttraining. In einem Vierteljahr, so hofft der Bürokaufmann, wird er schon wieder im Verbrauchermarkt seiner Eltern im badischen Ort Goldscheuer arbeiten können. Wenigsten da gibt es keine Probleme. Angst hat er nur vor dem Tag, an dem er aus dem Krankenhaus entlassen wird, wenn er plötzlich vor Schwellen und Treppen steht und sich nicht alleine helfen kann. „Das wird eine ganz schwierige Phase", glaubt er, will aber auch aus dieser Situation das Beste machen. „Die Leute sollen ruhig sehen, daß man auch im Rollstuhl ein ganz normaler Mensch sein kann." Nur in der Nacht, da träumt er immer noch davon, daß er eines Tages einfach aufsteht, durchs Krankenhaus läuft und zum Arzt sagt: „Schauen Sie, Herr Doktor, ich kann wieder gehen."

CLAUS-PETER ANDORKA

Es ist Nacht,
und ich sitze am Fenster
und warte auf den Tag.

Wenn es Tag ist,
werde ich am Fenster sitzen
und auf die Nacht warten.

Ich möchte,

daß weiches Moos
die Tränen trocknet,

daß Baumwipfel
die Träume zerstäuben,

daß Steine
die Wünsche bedecken,

daß Bäche
die Wunden kühlen,

daß Büsche
die Sehnsucht verbergen,

daß ein Waldbrand
die Erinnerung verzehrt.

ACHTUNG! ACHTUNG!

Die Damen und Herren
mit Friedensverpflichtung,
im Volksmund auch Christen genannt,
werden dringend gebeten,
sich in dieser Welt zu betätigen.
Die Gläubigen werden gebeten,
ihren Glauben zu leben.

Alle reden in letzter Zeit
vom Frieden.

Da wird es wohl nicht mehr lange dauern,
bis er kommt.

Ich kann nicht gut Englisch,
aber das eine Lied gefällt
mir gut:
We shall overkill some days.

```
zzzzzzzzz   eeeeeeeee   ii  tttttttt
        z   e           ii     t
       z    e           ii     t
      z     e           ii     t
     z      eeeeeeeee   ii     t
    z       e           ii     t
   z        e           ii     t
  z         e           ii     t
zzzzzzzzz   eeeeeeeee   ii     t
```

Zeit setzt sich zusammen
aus vielen Augenblicken.

Wer sich dem Augenblick hingibt,
vergißt darüber die Zeit.

Zeit an sich – etwas für Philosophen,
Augenblicke – für die Lebenden.

Bibelübersetzungen

In 1763 Sprachen der Welt war die Bibel bis Ende vergangenen Jahres (1982) ganz oder teilweise übersetzt und gedruckt. Wie die Deutsche Bibelgesellschaft, Stuttgart, mitteilte, habe sich die Zahl der „Bibel-Sprachen" gegenüber 1981 um 23 erhöht. Die vollständige Bibel liege allerdings erst in 279 Sprachen vor, weitere 551 Sprachen besäßen das Neue Testament. In zusätzlichen 993 Sprachen gebe es bisher nur Teile der Bibel. Am häufigsten sind die Bibel oder Teile davon in afrikanische Sprachen übersetzt worden (514), gefolgt von Asien (446), Lateinamerika (293), Australien/Pazifik (162), Europa (184) und Nordamerika (64). (idea)

Die Bibel zählt zu den Büchern,
die man irgendwann mal kauft,
aber beim Bezahlen schon weiß,
daß man sie nicht lesen wird.

So steht in vielen Häusern
die Bibel auch heute noch herum,
verstaubt, doch aufrecht
in schönen, hölzernen Regalen.

Früher benutzten manche die Bibel
– sie eignet sich dank ihres Gewichts –
zum Pressen von seltenen Pflanzen.
Doch wer preßt heute noch Pflanzen?

Kinder wollen wie Phantom fliegen

Kota Kinabalu (Reuter)
Vier Kinder sind in den vergangenen Wochen in Ost-Malaysia in dem Irrglauben in den Tod gesprungen, sie könnten wie Phantom-Helden im Film fliegen. Ein Polizeisprecher sagte, mehr als ein Dutzend Kinder habe sich Beine, Arme oder Rippen bei dem Versuch gebrochen, es Figuren wie „Superman" und „Ralph Hinchley" – Held einer amerikanischen Fernsehserie, die zur Zeit in Malaysia läuft – gleichzutun.

Die tödlich verletzten Kinder seien noch keine fünf Jahre alt gewesen, sagte der Sprecher. Sie seien von Gebäuden oder Hügeln gesprungen. Die meisten der Toten und Verletzten hätten Hemden getragen, die mit einem Bild von „Superman" bedruckt gewesen seien.
Die Polizei hatte Autofahrer in der vergangenen Woche außerdem vor Kindern gewarnt, die aus Filmen abgeschaute Tricks imitieren wollten. Anlaß der Warnung war, daß ein fünfjähriges Kind bei dem Versuch, einen fahrenden Wagen anzuhalten, schwer verletzt worden war.

Süddeutsche Zeitung, 4. 1. 1983

Unmögliches hoffen,
an das Gute glauben,
unvoreingenommen lieben,
die Welt aus den Angeln heben.

Manchmal im Traum
hebe ich die Welt aus den Angeln.
Doch dann bin ich zu schwach,
sie sicher durchs All zu tragen.

Ich erwache
in Schweiß gebadet
und fühle mich
unendlich müde.

„Unter Depression ist ein Symptomenkomplex zu verstehen, der in einer gedrückten, traurigen Verstimmung, Interesselosigkeit und Antriebsstörung, einer motorischen und psychischen Hemmung, typischen depressiven Gedankeninhalten und bestimmten somatischen Störungen besteht. Die größte Bedeutung hat die endogene, in der Konstitution begründete, auf Vererbung beruhende Depression, die zur manisch depressiven Krankheit gehört. Die charakteristischen Symptome der endogenen Depression sind eine grundlose, vital empfundene Traurigkeit (Melancholie), Angst oder Erregung, typische, manchmal wahnhafte Ideen der Verarmung, Selbstbeschuldigung, Versündigung sowie Depersonalisation mit einem quälend empfundenen Verlust des Gefühlslebens. Dazu kommen körperlich-hypochondrisch und geistig empfundene Insuffizienz sowie somatische Störungen in Form von Schlaflosigkeit, Tagesschwankungen des affektiven Befindens mit einem Tief in den Vormittagsstunden, Appetit- und Gewichtsverlust, Obstipation und vegetativen Beschwerden."

Herder-Lexikon „Psychologie", Artikel „Depression"

Wenn alles in dir
Abschied ist,
dann schau dich
noch einmal um.

Und ist
nur einer da,
der weint,
dann bleib!

Von wem oder wovon kann ich tatsächlich behaupten: „Das kenne ich!" Das Herz in mir kann ich fühlen, und ich schließe daraus, daß es existiert. Die Welt kann ich berühren, und auch daraus schließe ich, daß sie existiert. Damit aber hört mein ganzes Wissen auf; alles andere ist Konstruktion. Wenn ich nämlich dieses Ich, dessen ich so sicher bin, zu fassen, wenn ich es zu definieren und zusammen-

fassend zu bestimmen versuche, dann zerrinnt es mir wie Wasser zwischen den Fingern. Ich kann nacheinander alle Gesichter nachzeichnen, die es annehmen kann, auch alle Gesichter, die man ihm gegeben hat – Erziehung, Herkunft, Leidenschaft oder Ruhe, Größe oder Niedertracht. Addieren aber kann man Gesichter nicht. Selbst dieses Herz, das doch meines ist, wird mir immer unerklärbar bleiben. *A. Camus*

Als ich ausstieg
und vor die Garage trat,
stand ich mir gegenüber
im Regen einer Sommernacht.

Ich gab mir keinerlei Gelegenheit,
zu dieser späten, trüben Stunde
mit mir in ein Gespräch zu kommen,
das mich zum Thema hatte.

Ich ging ins Haus hinein,
den Schlüssel zweimal umgedreht,
und ließ einen Teil von mir
im Regen draußen in der Nacht.

Mein Sohn sitzt im Kinderzimmer an seinem kleinen Schreibtisch und macht seine Schulaufgaben. In der rechten Hand hält er seinen Füllfederhalter, mit dem er Buchstaben für Buchstaben malt, in der linken Hand – immer einsatzbereit – einen Stift mit einer weißen Spitze, der dann sofort zum Einsatz kommt, wenn der Füllfederhalter etwas Falsches zu Papier gebracht hat. Tintenkiller wird dieses Gerät genannt.

killen *engl. (ugs. für: töten; Seemannsspr.: leicht flattern (von Segeln); er hat ihn gekillt (getötet);* **Killer** *(ugs. für: Totschläger, Mörder).* *Duden, Die Rechtschreibung*

Die typischste Erfindung unsrer Zeit
ist dieser Tintenkillerstift,
der Fehler löscht mit einem Strich,
so daß man auf derselben Stelle
von neuem Neues schreiben kann.

So haben Kinder unsrer Tage
es endlich nicht mehr nötig,
sich zu den Fehlern zu bekennen,
die sie aus Dummheit machten
und aus Schlamperei.

Sie sparen sich das Schuldgefühl,
die Fehler werden übertüncht,
und übertüncht heißt ungeschehen.
Der Killerstift in Kinderhand
killt nicht nur falsch geflossene Tinte.

JUGENDZENTRUM
Republik
Freies Wendland
Bo-Punx
Pilki
JEDER MACHEN WÜRDE!
FÜR DEN FRIEDEN?
KOMMUNISTEN WAS!
GESCHLOSSEN!
IHR GEHÖRT
Fenster
I am the greatest
wat'm dat'm?
Fürchtet Euch
Wehrt Euch!

Das Schiff, das sich Kirche nennt

Ein Teil der Besatzung schläft,
auf der Kommandobrücke
streitet man
über den richtigen Kurs,
einige veranstalten
in den aufgehängten Rettungsbooten
Ruderwettkämpfe
und ziehen ächzend
die Ruder durch die Luft.
Die Luftbewegungen,
die dabei entstehen,
bezeichnen sie dann
als frischen Wind.

Doch:
täglich wird das Deck geschrubbt.
Wenn es auch nicht vorwärts geht,
das Schiff ist sauber.

Ich fand am Rand der Straße
im Schlamm einer Pfütze
eine schmutzige, traurige Taube,
beide Flügel gebrochen.

Den Frieden trug sie im Schnabel,
sterbend hielt sie ihn fest.
Als ihre Augen Glas geworden,
nahm ich den Frieden,

um ihn denen zu bringen,
die sich nach ihm sehnten.
Ich bot ihn an wie ein Hausierer
seine handgemachten Bürsten.

Da ihn niemand wollte,
warf ich ihn schließlich weg.

Angela Toigo *Gebete einer Maus*

„Ein hübsches Bändchen, jedes Gebet mit einer Zeichnung versehen. So klein die Maus auch ist, so groß ist ihr Vertrauen, mit dem sie Gott alles sagt, was sie bewegt. ‚Ich habe Hunger. Der Käse ist gut. Nur … ohne Falle angerichtet, würde er noch besser schmecken. Dios mio, laß mich an deinen Tisch kommen.' Spätestens an dieser Stelle schwört man sich, nie im Leben eine Mausefalle aufzustellen. Und möglichst auch nie mehr Angst vor den kleinen Tieren zu haben. Diese Maus möchte man wohl gerne als Spielgefährten haben, als nachdenklich, tröstenden, einfühlsamen Gesprächspartner" (Deutsches Allgemeines Sonntagsblatt).

4. Auflage. 48 Seiten mit 22 Zeichnungen, gebunden.
ISBN 3-451-19859-2

Verlag Herder Freiburg · Basel · Wien